LETTRES

A

Monsieur D..... B.....

Sur la Refutation du Livre de

L'ESPRIT d'HELVETIUS.

Par J. J. ROUSSEAU.

Avec quelques Lettres de ces deux Auteurs.

A LONDRES,

Auprès du Palais St. James, rue St. James,
à la Societé Typographique.

1779.

LETTRES

A

Monsieur D..... B......

Sur la Refutation du Livre de

L'ESPRIT d'HELVETIUS,

Par J. J. Rousseau,

Avec quelques Lettres de ces deux Auteurs.

LETTRES

A

Monsieur D..... B......

Sur la Refutation du Livre de

L'ESPRIT d'HELVETIUS,

Par *J. J. Rousseau,*

Avec quelques Lettres de ces deux Auteurs.

LETTRE I.

VOUS defirez favoir, Monfieur, fi je fuis encor poffeffeur de l'exemplaire de *l'Efprit d'Helvetius*, qui avoit appartenu à *J. J. Rouffeau*, et fi les notes, que ce dernier avoit faites fur cet ouvrage, à deffein de le refuter, font auffi importantes qu'on vous les a reprefentées? La mort de J. J. Roufseau me laissant libre de faire de ces notes l'usage que je jugerai à propos, je n'hesite point à satisfaire votre empressement à cet égard.

Il y douze ans que j'acheptai à Londres les livres de J. J. Rousseau, au nombre d'environ milles volumes. Un exemplaire du livre de *l'Esprit*, avec des remarques à la marge de la propre main de Rousseau, lequel se trouvoit parmi ces livres, me determina principalement à en faire l'acquisition; et *Rousseau* consentit à me les ceder, à condition que *pendant sa vie* je ne publierois point les notes que je pourrois trouver sur les livres qu'il me vendoit, et que, lui vivant, l'exemplaire du livre de *l'Esprit* ne sortiroit point de mes mains. Il paroit qu'il avoit entrepris de refuter cet ouvrage de M. *Helvetius*, mais qu'il avoit abandonné cette idée dès-qu'il l'avoit vu persecuté. M. Helvetius ayant appris que j'étois en possession de cet exemplaire me fit proposer, par le celebre M. Hume et quelques autres amis, de le lui envoïer; j'étois lié par ma promesse, je le representai à M. Helvetius ; il approuva ma delicatesse, et se reduisit à me prier de lui extraire quelques unes des remarques qui portoient le plus coup contre

ses

ſes principes, et de les lui communiquer; ce que je fis. Il fut tellement allarmé du danger que courroit un edifice qu'il avoit pris tant de plaiſir à élever, qu'il me repondit ſur le champ, afin d'effacer les impreſſions qu'il ne doutoit pas que ces notes n'euſſent fait ſur mon eſprit. Il m'annonçoit une autre lettre par le courier ſuivant, mais la mort l'enleva, huit ou dix jours après ſa ſeconde lettre.

Les remarques dont il s'agit ſont en petit nombre, mais ſuffiſantes pour détruire les principes, ſur leſquels M. Helvetius établit un ſyſtême que j'ai toujours regardé comme pernicieux à la ſocieté. Elles decelent cette penetration profonde, ce coup d'œil vif et lumineux, ſi propres à leur auteur. Vous en jugerez, Monſieur, par l'expoſé que je vais vous en mettre ſous les yeux.

Le grand but de M. Helvetius, dans ſon ouvrage, eſt de reduire toutes les facultés de l'homme à une exiſtence purement materielle. Il debute par dire "que nous avons " en nous deux facultés, ou, s'il l'oſe dire, " *deux puiſſances paſſives*; la ſenſibilité phy- " ſique et la memoire; et il definit la me- " moire " une ſenſation continuée mais af-

" foiblie

" foiblie."(a) A quoi Rousseau repond : " Il me semble qu'il faudroit distinguer les impressions purement organiques et locales, des impressions qui affectent tout l'individu ; les premières ne sont que de simples sensations; les autres sont des sentimens. Et un peu plus bas il ajoute: Non pas; " la memoire est la faculté de se rappeller la sensation, mais la sensation, même affoiblie, ne dure pas continuellement."

" La memoire, continue Helvetius, ne peut
" être qu'un des organes de la sensibilité
" physique : le principe qui sent en nous
" doit être necessairement le principe qui se
" ressouvient ; puisque se ressouvenir, comme
" je vais le prouver, n'est proprement que
" sentir " Je ne sais pas encor, dit Rousseau, comme il va prouver cela, mais je sais bien que sentir l'objet present, et sentir l'objet absent sont deux opérations dont la difference merite bien d'être examinée.

" Lorsque par une suite de mes idées,
" ajoute l'auteur, ou par l'ébranlement que
" certains sons causent dans l'organe de mon
" oreille, je me rapelle l'image d'un chêne;
" alors mes organes interieurs doivent ne-
" cessairement se trouver à peu près dans la
" même situation où ils étoient à la vue de
" ce

(a) DE l'ESPRIT, Paris, 1758. 4to, p. 2.

" ce chêne; or cette situation des organes
" doit incontestablement produire une sensa-
" tion: il est donc evident que se ressou-
" venir c'est sentir.

Oui, dit Rousseau, *vos organes interieurs se trouvent à la verité dans la même situation où ils etoient à la vue du chêne, mais par l'effet d'une operation très differente.* Et quant à ce que vous dites que cette situation doit produire une sensation: *qu'appellez vous sensation?* dit-il? *si une sensation est l'impression transmise par l'organe exterieur à l'organe interieur, la situation de l'organe interieur a beau être supposée la même, celle de l'organe exterieur manquant, ce deffaut seul suffit pour distinguer le souvenir de la sensation. D'ailleurs il n'est pas vrai que la situation de l'organe interieur soit la même dans la memoire et dans la sensation; autrement il seroit impossible de distinguer le souvenir de la sensation d'avec la sensation. Aussi l'auteur se sauve-t'-il par un* A PEU PRES; *mais une situation d'organes, qui n'est qu'à peu près la même ne doit pas produire exactement le même effet.*

Il est donc evident, dit Helvetius, que
" se ressouvenir soit sentir." *Il y a cette difference,* repond Rousseau, *que la memoire produit une sensation semblable et non pas le sentiment,*

ment, et cette autre différence encore, que la cause n'est pas la même.

L'auteur ayant posé son principe se croit en droit de conclure ainsi: " je dis encore " que c'est dans la capacité que nous avons " d'appercevoir les ressemblances ou les dif- " ferences, les convenances ou les discon- " venances qu'ont entre eux les objets divers " que consistent toutes les operations de " l'Esprit. Or cette capacité n'est que la " sensibilité physique même : tout se reduit " dont à sentir." *Voici qui est plaisant, s'ecrie son adversaire! après avoir legerement affirmé qu'appercevoir et comparer sont la même chose, l'auteur conclut en grand appareil que juger c'est sentir. La conclusion me paroit claire, mais c'est de l'antécédent qu'il s'agit.*

Je viens à l'objection la plus forte de toutes celles que renferment les notes du citoyen de Genève, et qui allarma le plus M. Helvetius, lorsque je la lui communiquai. L'auteur repete sa conclusion d'une autre maniere (a) et dit: " La conclusion de ce que je viens de " dire, c'est que, si tous les mots des di- " verses langues ne designent jamais que des " objets, ou les rapports de ces objets avec " nous et entre eux, tout l'Esprit par con- " sequent

─────────

(a) Page 9.

" fequent confifte à comparer et nos fenfa-
" tions et nos idées ; c'eft à dire à voir les
" reffemblances et les differences, les con-
" venances et les difcovenances qu'elles ont
" entr'elles. Or, comme le jugement n'eft
" que cette appercevance elle-même, ou du
" moins que le prononcé de cette apper-
" cevance, il s'enfuit que toutes les opera-
" tions de l'Efprit fe reduifent à juger."
" Rouffeau oppofe à cette conclufion une di-
ftinction fi lumineufe qu'elle fuffit pour eclair-
cir entierement cette queftion, et diffiper les
tenebres dont la fauffe philofophie cherche à
envelopper les jeunes Efprits. APPERCEVOIR
LES OBJETS, dit-il, C'EST SENTIR; APPERCE-
VOIR LES RAPPORTS, C'EST JUGER. Ce peu
de mots n'a pas befoin de commentaire, il
ferviront à jamais de bouclier à toutes les
entreprifes des materialiftes pour anéantir dans
l'homme la fubftance fpitituelle. Ils établiffent
clairement, non deux puiffances paffives,
comme le dit M. Helvetius au commencement de fon ouvrage, mais une fubftance
paffive qui recoit les impreffions, et une
puiffance active qui examine ces impreffions,
voit leurs rapports, les combine, et juge.
*Appercevoir les objets, c'eft fentir, appercevoir
les rapports, c'eft juger.*

J'aurois

J'aurois à me reprocher un manque d'equité entre les deux antagonistes que je fais entrer en lice, si je ne publiois la reponse que M. Helvetius me fit lorsque je lui envoiai cette objection, accompagnée de deux ou trois autres; on verra (*a*) que non seulement il ne bannit point de l'Esprit les doutes que Rousseau y introduit, mais qu'il apprehende lui-même le peu d'effet de sa lettre, puis qu'il en annonce une autre sur le même sujet, qu'il eut ecrite sans doute s'il eut vecu. Mais continuons à le suivre dans les preuves qu'il allegue pour justifier sa conclusion.

" La question renfermée dans ces bornes,
" continue l'auteur de l'Esprit, j'examinerai
" maintenant si juger n'est pas sentir. Quand
" je juge de la grandeur ou la couleur des
" objets qu'on me presente, il est evident que
" le jugement porté sur les differentes im-
" pressions que ces objets ont faites sur mes
" sens n'est proprement qu'une sensation;
" que je puis dire egalement, je juge ou
" je sens que, de deux objets, l'un, que
" j'appelle *toise*, fait sur moi une impression
" differente de celui que j'appelle *pied*; que
" la couleur que je nomme *rouge*, agit sur
" mes yeux différemment de celle que je
" nomme

(*a*) Voyez le Lettre de M. Helvetius, No. 2. à la fin.

" nomme *jaune* ; et j'en conclus qu'en pareil
" cas *juger* n'eſt jamais que *ſentir.*" Il y a
ici une ſophiſme très ſubtil et très important
à bien remarquer, REPREND ROUSSEAU, autre choſe eſt ſentir une difference entre une toiſe
et un pied, et autre choſe meſurer cette difference. Dans la premiere operation l'Eſprit eſt
purement paſſif, mais dans l'autre il eſt actif.
Celui qui a plus de juſteſſe dans l'Eſprit, pour
transporter par la penſée le pied ſur la toiſe, et
voir combien de fois il y eſt contenu, eſt celui
qui en ce point a l'Eſprit le plus juſte et juge le
mieux. Et quant à la concluſion " qu'en
" pareil cas juger n'eſt jamais que ſentir."
Rouſſeau ſoutient que *c'eſt autre choſe*; parce-
que la comparaiſon du jaune et du rouge n'eſt pa.
la ſenſation du jaune ni celle du rouge.

L'auteur ſe fait enſuite cette objection:
" mais, dira t-on, ſuppoſons qu'on veuille ſa-
" voir ſi la force eſt préférable à la gran-
" deur du corps, peut on aſſurer qu'alors
" juger ſoit ſentir? oui, repondrai je : car
" pour porter un jugement ſur ce ſujet ma
" memoire doit me tracer ſucceſſivement les
" tableaux des ſituations differentes où je
" puis me trouver le plus communement
" dans le cours de ma vie." Comment, re-
plique à cela Rouſſeau, *La comparaiſon ſuc-*

C

ceſſive

cessive de mille idées est aussi un sentiment ? Il ne faut pas disputer des mots ; mais l'auteur se fait là un étrange dictionaire.

Il se trouve quelques autres notes à ce Chapitre premier de l'ouvrage de l'Esprit, dans lesquelles Rousseau accuse son auteur de raisonnements sophistiques. Enfin Helvetius finit ainsi : " Mais, dira-t-on, comment jus-
" qu'à ce jour a-t-on supposé en nous une
" faculté de juger distincte de la faculté de
" sentir ? l'on ne doit cette supposition, re-
" pondrai-je, qu'à l'impossibilité où l'on s'est
" cru jusqu'à present d'expliquer d'aucune
" autre maniere certaines erreurs de l'Esprit."
Point du tout, reprend Rousseau. *C'est qu'il est très simple de supposer que deux opérations d'especes differentes se font par deux differentes facultés.*

Voici, Monsieur, l'exposé de la refutation des principes d'Helvetius contenus dans le premier chapitre de son livre. Rousseau avoit fait de ces notes le Cannevas d'un ouvrage qu'il avoit dessein de mettre au jour ; vous sentez qu'il n'étoit pas aisé de donner de la liaison à des notes jettées au hazard sur la marge d'un livre, j'ai cherché à vous les presenter de la maniere la plus suivie, et je me flatte que vous imputerez au sujet ce qu'il

peut

peut y avoir de defectueux dans la methode que j'ai adoptée, pour vous mettre au fait de ce que vous defiriez favoir.

Il y a beaucoup d'autres notes repardues dans le refte de l'ouvrage, mais comme elles attaquent les plus fouvent des idées particulieres de l'auteur, et ne font pas relatives au fyftême favori, qu'il a voulu établir au commencement de fon ouvrage, je remets à vous en faire part dans une autre lettre, pour peu que vous le defiriez.

J'ai l'honneur d'être,

Monfieur,

Votre très humble

et très obeiffant ferviteur,

L. DUTENS.

LETTRE II.

Vous êtes bien bon, Monsieur, de mettre tant de prix au peu de tems que j'ai employé pour vous communiquer les notes de J. J. Rousseau contre le livre de l'Esprit. Vous avez raison de dire qu'elles contiennent des objections et des argumens irréplicables. M. Helvetius le sentoit bien, lui-même et sa lettre en est un preuve. On ne peut en effet disconvenir que le citoien de Genève, si ingénieux à soutenir les paradoxes les plus inexplicables, ne fut aussi le champion le plus propre à renverser les autels du sophisme. C'est Diogène qui tout fou qu'il étoit, n'en fournissoit pas moins des armes à la verité.

Vous temoignez tant d'empressement de connoitre les autres notes qui se trouvent à la marge de l'exemplaire de l'Esprit que je ne puis me refuser au plaisir de vous donner cette satisfaction, mais ne vous attendez plus à une marche regulière. L'ouvrage d'Helvetius n'étant composé que de chapitres sans liaison, d'idées decousues, de jolis petits contes

contes et de bons mots ; les notes que vous allez lire, à deux ou trois près, ne sont aussi que des sorties sur quelques sentimens particuliers ; vous en allez juger.

A la fin du premier discours, (*a*) M. Helvetius revenant à son grand principe, dit : " rien ne m'empêche maintenant d'avancer " que *juger*, comme je l'ai deja prouvé, " n'est proprement que *sentir*." *Vous n'avez rien prouvé sur ce point*, repond Rousseau ; *si non que vous ajoutez au sens du mot* SENTIR, *le sens que nous donnons au mot* JUGER ; *vous réunissez sous un mot commun deux facultés essentiellement differentes.* Et sur ce que Helvetius dit encore ; que "l'Esprit peut être con- " sideré comme la faculté productrice de " nos pensées, et n'est en ce sens que sen- " sibilité et mémoire." Rousseau met en note : *Sensibilité, Mémoire,* JUGEMENT. Ces deux notes appartiennent encor au sujet de ma premiere lettre, celles qui suivent sont differentes.

Dans son second Discours, M. Helvetius avance : " que nous ne concevons que des " idées analogues aux nôtres, que nous " n'avons *d'estime sentie* que pour cette es- " péce d'idées, et de là cette haute opinion
" que

(*a*) Ch. iv. p. 41.

" que chacun eſt, pour ainſi dire, forcé d'avoir
" de ſoi-même, et qu'il appelle la neceſſité
" où nous ſommes de nous eſtimer prefe-
" rablement aux autres *(a)*. Mais, ajoute-t-
" il, *(b)* on me dira que l'on voit quelques
" gens reconnoitre dans les autres plus d'Eſ-
" prit qu'en eux. Oui, repondrai-je, on
" voit des hommes en faire l'aveu ; et cet
" aveu eſt d'un belle âme : cependant ils
" n'ont pour celui qu'ils avouent leur ſupe-
" rieur qu'une *eſtime ſur parole* ; ils ne font
" que donner à l'opinion publique la prefe-
" rence ſur la leur, et convenir que ces per-
" ſonne ſont plus eſtimées, ſans être interi-
" eurement convaincus qu'elles ſoient plus
" eſtimables." *Cela n'eſt pas vrai*, reprend
bruſquement Rouſſeau, *J'ai longtems medité
ſur un ſujet, et j'en ai tiré quelques vues avec
toute l'attention que j'etois capable d'y mettre.
Je communique ce même ſujet à un autre homme,
et durant notre entretien je vois ſortir du cerveau
de cet homme des foules d'idées neuves et de
grandes vues ſur ce même ſujet qui m'en avoit
fourni ſi peu. Je ne ſuis pas aſſez ſtupide pour
ne pas ſentir l'avantage des ſes vues et de ſes
idées ſur les miennes ; je ſuis donc forcé de ſentir
interieurement que cet homme a plus Eſprit que
moi*,

(a) Diſcours 2de, ch. 2. p. 68. *(b)* p. 69.

moi, et de lui accorder dans mon cœur une estime sentie, superieure à celle que j'ai pour moi. Tel fut le jugement que Philippe Second porta de l'Esprit d'Alonzo Perez, et qui fit que celui-ci s'estima perdu.

Helvetius veut appuier son sentiment d'un exemple et dit :(a) " En poësie Fontenelle " seroit, sans peine convenu de la superiorité " du génie de Corneille sur le sien, mais il " ne l'auroit pas sentie. Je suppose pour " s'en convaincre, qu'on eut prié ce même " Fontenelle de donner, en fait de poësie, " l'idée qu'il s'étoit formé de la perfection ; " il est certain qu'il n'auroit en ce genre pro- " posé d'autres régles fines que celles qu'il " avoit lui même aussi bien observées que " Corneille." Mais Rousseau objecte à cela : *Il ne s'agit pas de régles, il s'agit du génie qui trouve les grandes images et les grands sentimens. Fontenelle auroit pu je crois meilleur juge de tout cela que Corneille, mais non pas aussi bon inventeur ; il etoit fait pour sentir le génie de Corneille et non pour l'égaler. Si l'auteur ne croit pas qu'un homme puisse sentir la superiorité d'un autre dans son propre genre, assurement il se trompe beaucoup ; moi-même je sens la sienne, quoique je ne sois pas de son sentiment. Je sens qu'il*

(a) P. 69. note.

qu'il se trompe en homme qui a plus d'Esprit que moi. Il a plus de vues, et plus lumineuses, mais les miennes sont plus saines. Fenelon l'emportoit sur moi à tous égards, cela est certain. A ce sujet Helvetius ayant laissé échapper l'expression " du poids importun de l'estime," Rousseau le reléve en s'écriant : *Le poids importun de l'estime! eh Dieu! rien n'est si doux que l'estime, même pour ceux qu'on croit superieurs à soi.*

" Ce n'est peutêtre qu'en vivant loin des
" societés, dit Helvetius, (a) qu'on peut se
" defendre des illusions qui les seduisent.
" Il est du moins certain que, dans ces
" mêmes societés, on ne peut conserver une
" vertu toujours forte et pure, sans avoir
" habituellement present à l'esprit le principe
" de l'utilité publique ; sans avoir une con-
" noissance profonde des veritables interêts
" de ce public, et par consequent de la mo-
" rale et de la politique." *A ce compte*, re-
pond Rousseau, *il n'y a de veritable probité que chez les philosophes. Ma foi, ils font bien de s'en faire compliment les uns aux autres.*

" Consequemment au principe que venoit
" d'avancer l'auteur, (b) il dit que Fonte-
" nelle definissoit le mensonge ; *taire une ve-*
" *rité*

(a) P. 70.   (b) P. 70. note

" *rité qu'on doit.* Un homme fort du lit
" d'une femme, il en rencontre le mari:
" *D'où venez-vous,* lui dit celui-ci. Que lui
" repondre ? lui doit-on alors la verité ? *non,*
" dit Fontenelle, *parce qu'alors la verité n'est*
" *utile à personne.*" *Plaisant example!* s'ecrie
Rousseau, *comme si celui qui ne se fait pas un*
scrupule de coucher avec la femme d'autrui s'en
faisoit un de dire un mensonge! Il se peut qu'un
adultère soit obligé de mentir; mais l'homme de
bien ne veut être ni menteur, ni adultère.

Dans le chapitre (a) où l'auteur avance que
dans ses jugemens le public ne prend conseil que de son interêt, il apporte plusieurs exemples, à l'appui de son sentiment,
qui ne sont point admis par son censeur. Lorsqu'il dit : " qu'un poëte dramatique fasse une
" bonne tragedie sur un plan deja connu,
" c'est, dit-on, un plagiaire méprisable ; mais
" qu'un General se serve dans un campagne
" de l'ordre de bataille et des stratagêmes
" d'un autre general, il n'en paroit souvent
" que plus estimable." L'autre le reléve en
disant: *Vraiment, je le crois bien! le premier se*
donne pour l'auteur d'une piece nouvelle, le second ne se donne pour rien, son objet est de battre
l'ennemi. S'il faisoit un livre sur les batailles,

(a) Ch. 1. Disc. 11 p. 104.

on ne lui pardonneroit pas plus le plagiat qu'à l'auteur dramatique. Rousseau n'est pas plus indulgent envers M. Helvetius lorsque celui-ci altère les faits pour autoriser ses principes. Par exemple, lorsque voulant prouver que " dans tous les siécles et dans tous les pays " la probité n'est que l'habitude des actions " utiles à sa nation, il allégue l'exemple des " Lacedemoniens qui permettoient le vol, " et conclut ensuite que le vol, nuisible à " tout peuple riche, mais utile à Sparte, y " devoit être honoré."(a) Rousseau remarque: *que le vol n'etoit permis qu'aux enfans, et qu'il n'est dit nulle part que les hommes volassent,* ce qui est vrai. Et sur le même sujet l'auteur dans une note ayant dit: " qu'un jeune La-" cedemonien plutôt que *d'avouer* son larcin " se laissa sans crier devorer le ventre par un " jeune renard qu'il avoit volé et caché sous " sa robe." Son critique le reprend ainsi avec raison: *il n'est dit nulle part que l'enfant fut questionné. Il ne s'agissoit que de ne pas decéler son vol, et non de le nier. Mais l'auteur est bien aise de mettre adroitement le mensonge au nombre des vertus Lacedemonienes.*

M. Helvetius, faisant l'apologie du luxe, porte l'esprit du paradoxe jusqu'à dire que les

femmes

(a) Ch. 13. p. 136.

femmes galantes, dans un sens politique, sont plus utiles à l'etat que les femmes sages. Mais Rousseau repend : *L'une soulage des gens qui souffrent, l'autre favorise des gens qui veulent s'enrichir. En excitant l'industrie des artisans du luxe, elle en augmente le nombre ; en faisant la fortune de deux ou trois elle en excite vingt à prendre un etat où ils resteront miserables. Elle multiplie les sujets dans les professions inutiles et les fait manquer dans les professions necessaires.*

Dans un autre occasion M. Helvetius remarquant que " l'envie permet à chacun " d'être le panégyriste de sa probité, et non " de son esprit ;" Rousseau loin d'être de son avis dit : *ce n'est point cela, mais c'est qu'en premier lieu la probité est indispensable et non l'esprit ; et qu'en second lieu il depend de nous d'être honnêtes gens, et non pas gens d'esprit.*

Enfin dans le premier chapitre du 3me discours l'auteur entre dans la question de l'education, et de l'égalité naturelle des Esprits. Voici le sentiment de Rousseau làdessus, exprimé dans une de ses notes. *Le principe duquel l'auteur deduit dans les chapitres suivans l'égalité naturelle des Esprits, et qu'il a tâché d'établir au commencement de cet ouvrage, est que les jugemens humains sont purement pa-*

sifs. Ce principe a été établi et discuté avec beaucoup de philosophie et de profondeur dans l'*Encyclopedie*, article EVIDENCE. J'ignore quel est l'auteur de cet article; mais c'est certainement un très grand metaphysicien. Je soupçonne l'Abbé de Condillac ou M. de Buffon. Quoiqu'il en soit, j'ai tâché de combattre et d'établir l'activité de nos jugemens dans les notes que j'ai ecrites au commencement de ce livre, et sur tout dans la premiere partie de la profession de foi du Vicaire Savoyard. Si j'ai raison, et que le principe de Monsieur Helvetius et de l'auteur susdit soit faux, les raisonnemens des chapitres suivans qui n'en sont que des consequences tombent, et il n'est pas vrai que l'inegalité des esprits soit l'effet de la seule éducation, quoi qu'elle y puisse influer beaucoup.

Voici, Monsieur, tout ce que j'ai cru digne de votre attention parmi les notes que j'ai trouvees à la marge du livre de l'Esprit; il y en a encor d'autres moins importantes que vous pourrez vous même parcourir un jour; Je vous le porterai la premiere fois que j'irai à Paris, et le laisserai même avec vous, en ayant à present fait tout l'usage que je desirois en faire.

Je vous envoie aussi une copie des lettres que Monsieur Helvetius m'écrivit à ce sujet,

il

il est juste de lui donner le champ libre pour repousser les attaques d'un aussi puissant antagoniste, mais vous verrez qu'il n'y reussit pas; et qu'en se battant même il a le sentiment de sa defaite.

Vous voulez aussi voir les lettres que je vous ai dites avoir reçu quelques fois de Rousseau; comme elles ont rapport à l'acquisition que je fis de ses livres, et qu'elles contiennent certaines particularités ignorées de cet homme extraordinaire, je vous envoie la copie, avec d'autant moins de repugnance qu'elles ne devoilent rien de secret. Elles peuvent même servir à ajouter quelques traits à son caractère, et pour vous mettre en etat de les mieux comprendre, j'ai ajouté quelques notes qui eclaircissent ce qui auroit été obscur pour vous.

J'ai l'honneur d'être,

Monsieur,

Votre très humble

et très obeissant serviteur,

L. DUTENS.

Lettres de J. J. Rousseau.

LETTRE I.

A Wootton,(a) le 5 Février 1767.

J'étois, Monsieur, vraiment peiné de ne pouvoir, faute de savoir votre addresse, vous faire les remercimens que je vous devois. Je vous en dois de nouveaux pour m'avoir tiré de cette peine, et sur tout pour le livre de votre composition que vous m'avez fait l'honneur de m'envoyer. Je suis fâché de ne pouvoir vous en parler avec connoissance, mais ayant renoncé pour ma vie à tous les livres, je n'ose faire d'exception pour le vôtre ; car outre que je n'ai jamais été assez savant pour juger de pareille matiere, je craindrois que le plaisir de vous lire ne me rendit le goût de la littérature, qu'il m'importe de ne laisser jamais ranimer. Seulement je n'ai pu m'empêcher de parcourir l'article de la Botanique, à laquelle je me suis consacré pour tout amusement ; et si votre sentiment est aussi bien établi sur le reste,

(a) Terre de M. Davenport, ami de M. Hume, où Rousseau avoit un asile.

reste, vous aurez forcé les modernes à rendre l'hommage qu'ils doivent aux anciens. Vous avez très sagement fait de ne pas appuyer sur les vers de Claudien ; l'autorité eut été d'autant plus foible que de trois arbres qu'il nomme après le palmier, il n'y en a qu'un qui porte les deux sexes sur différens individus. Au reste je ne conviendrois pas tout-a-fait avec vous que Tournefort soit le plus grand Botaniste du siecle ; il a la gloire d'avoir fait le premier de la Botanique une étude vraiment méthodique ; mais cette étude, encore après lui, n'étoit qu'une étude d'Apothicaire. Il étoit réservé à l'illustre Linnæus d'en faire une science philosophique. Je sais avec quel mépris on affecte en France de traiter ce grand Naturaliste, mais le reste de l'Europe l'en dédommage, et la posterité l'en vengera. Ce que je dis est assurement sans partialité et par le seul amour de la vérité et de la justice ; car je ne connois ni M. Linnæus, ni aucun de ses disciples, ni aucun de ses amis.

Je n'écris point à Monsieur L***, parce que je me suis interdit toute correspondence, hors les cas de nécessité ; mais je suis vivement touché de son zèle et de celui de l'estimable anonyme dont il m'envoye l'écrit, et qui prenant si généreusement ma défense sans

me

me connoître, me rend ce zèle pur avec lequel j'ai souvent combattu pour la justice et la vérité, *(a)* ou pour ce qui m'a paru l'être, sans partialité, sans crainte, et contre mon propre intérêt. Cependant je desire sincerement qu'on laisse hurler tout leur soul ce troupeau de loups enragés, sans leur répondre. Tout cela ne fait qu'entretenir les souvenirs du public, et mon repos dépend desormais d'en être entierement oublié. Votre estime, Monsieur, et celle des hommes de mérite qui vous ressemblent, est assez pour moi. Pour plaire aux méchans, il faudroit leur ressembler; je n'acheterai pas à ce prix leur bienveillance.

Agréez, Monsieur, je vous supplie, mes salutations et mon respect.

J. J. Rousseau.

Vous pouvez, Monsieur, remettre à M. Davenport, ou m'expédier par la poste à son addresse, ce que vous pourrez prendre la peine de m'envoyer. L'une et l'autre voie est à votre choix et me paroit sure. Quand M. Davenport n'est pas à Londres il n'y a plus alors que la poste pour les lettres et le waggon d'Ash-

---

(a) Il étoit question d'un précis de la querelle entre M. Hume et M. Rousseau.

d'Ashbourn pour les gros paquets. On m'écrit qu'il se fait à Londres une collecte pour l'infortuné peuple de Genève; si vous savez qui est chargé des deniers de cette collecte, vous m'obligerez d'en informer M. Davenport.

LETTRE II.

A Wootton, le 16 Février 1767.

JE suis très reconnoissant, Monsieur, des soins obligeans que vous voulez bien prendre pour la vente de mes bouquins; mais sur votre lettre, et celle de M. Davenport, je vois à cela des embarras qui me dégouteroient tout-a-fait de les vendre si je savois où les mettre : car ils ne peuvent rester chez M. Davenport, qui ne garde pas son appartement toute l'année. Je n'aime point un vente publique même en permettant qu'elle se fasse sous votre nom ; car outre que le mien est à la tête de la plûpart de mes livres, on se doutera bien qu'un fatras si mal choisi et si mal conditionné ne vient pas de vous. Il n'y a dans ces quatre ou cinq caisses qu'une centaine au plus de volumes, qui soient bons et bien

conditionnés. Tous le reste n'est que du fumier qui n'est pas même bon à bruler, parce que le papier en est pourri. Hors quelques livres que je prenois en payement des libraires, je me pourvoyois manifiquement sur les quais, et cela me fait rire de la duperie des acheteurs qui s'attendroient à y trouver des livres choisis et de bonnes éditions. J'avois pensé que ce qui étoit de debit se réduisont à si peu de chose, M. Davenport et deux ou trois de ses amis auroient pû s'en accommoder entre eux sur l'estimation d'un libraire; le reste eut servi à plier du poivre, et tout cela se feroit fait sans bruit. Mais assurement tout ce fatras qui m'a été envoyé bien malgrè moi de Suisse, et qui n'en valoit ni le port ni la peine, vaut encore moins celle que vous voulez bien prendre pour son débit. Encore un coup mon embarras est de savoir ou le fourrer. S'il y avoit dans votre maison quelque garde-meuble ou grenier vuide, où l'on pût le mettre sans vous incommoder, je vous serois obligé de vouloir bien le permettre, et vous pourriez y voir à loisir s'il s'y trouveroit par hazard quelque chose qui pût vous convenir ou à vos amis. Autrement je ne sais en verité que faire de toute cette fripperie, qui me peine cruellement, quand je
songe

songe à tous les embarras qu'elle donne à M. Davenport. Plus il s'y prête volontiers, plus il est indiscret à moi d'abuser de sa complaisance. S'il faut encore abuser de la vôtre, j'ai comme avec lui la necessité pour excuse, et la persuasion consolante du plaisir que vous prenez l'un et l'autre à m'obliger. Je vous en fais, Monsieur, mes remercimens de tout mon cœur, et vous prie d'agréer mes très humbles salutations.

J. J. Rousseau.

Si la vente publique pouvoit se faire sans qu'on vit mon nom sur le livres, et sans qu'on se doutat d'où ils viennent, à la bonne heure. Il m'importe fort peu que les acheteurs voient ensuite qu'ils étoient à moi; mais je ne veux pas risquer qu'ils le sachent d'avance, et je m'en rapporte là dessus à votre candeur.

―――――

LETTRE III.

Wootton, le 2 Mars 1767.

TOUS mes livres, Monsieur, et tout mon avoir ne valent assurement pas les soins que vous voulez bien prendre et les détails dans lesquels vous voulez bien entrer avec moi.

J'ap-

J'apprends que M. Davenport a trouvé les caiſſes dans une confuſion horrible, et ſachant ce que c'eſt que la peine d'arranger des livres dépareillés je voudrois pour tout au monde ne l'avoir pas expoſé à cette peine, quoique je ſache qu'il la prend de très bon cœur. S'il ſe trouve dans tout cela quelque choſe qui vous convienne et dont vous vouliez vous accommoder de quelque maniere que ce ſoit, vous me ferez plaiſir, ſans doute, pourvu que ce ne ſoit pas uniquement l'intention de me faire plaiſir qui vous determine. Si vous voulez en transformer le prix en une petite rente viagere, de tout mon cœur, quoiqu'il ne me ſemble pas que, l'Encyclopedie et quelques autres livres de choix ôtés, le reſte en vaille la peine, et d'autant moins que le produit de ces livres n'étant point néceſſaire à ma ſubſiſtance, vous ſerez abſolument le maître de prendre votre tems pour les payer tout à loiſir, en une ou en pluſieurs fois, à moi ou à mes heritiers, tout comme il vous conviendra le mieux. En un mot je vous laiſſe abſolument décider de toute choſe et m'en rapporte à vous ſur tous les points, hors un ſeul, qui eſt celui des ſuretés dont vous me parlez ; j'en ai une qui me ſuffit, et je ne

veux

veux entendre parler d'aucune autre : c'est la probité de M. Dutens.

Je me suis fait envoyer ici le ballot qui contenoit mes livres de Botanique dont je ne veux pas me défaire, et quelques autres, dont j'ai renvoyé à M. Davenport ce qui s'est trouvé sous ma main; c'est ce que contenoit ce ballot qui est rayé sur le catalogue. Les livres depareillés l'ont été dans les differens démenagemens que j'ai été forcé de faire; ainsi j'ai ne pas de quoi les completer. Ces livres sont de nulle valeur, et je n'en vois aucun autre usage à faire que de les jetter dans la riviere, ne pouvant les anéantir d'un acte de ma volonté.

Vos lettres, Monsieur, et tout ce que je vois de vous m'inspire, non seulement la plus grande estime, mais une confiance qui m'attire, et me donne un vrai regret de ne pas vous connoître personellement. Je sens que cette connoissance m'eut été très agréable dans tous les tems, et très consolante dans mes malheurs. Je vous salue, Monsieur, très humblement et de tout mon cœur.

J. J. Rousseau.

LETTRE

LETTRE IV.

A Wootton, le 26 Mars 1767.

J'Espere, Monsieur, que cette lettre destinée à vous offrir mes souhaits de bon voyage vous trouvera encore à Londres. Ils sont bien vifs et bien vrais pour votre heureuse route ; agréable séjour, et retour en bonne santé. Temoignez je vous prie, dans le pays où vous allez à tous ceux qui m'aiment que mon cœur n'est pas en reste avec eux, puisqu'avoir de vrais amis et les aimer est le seul plaisir auquel il soit encore sensible. Je n'ai aucune nouvelle de l'élargissement du pauvre Guy ; je vous serai très obligé si vous voulez bien m'en donner, avec celle de votre heureuse arrivée. Voici une correction omise à la fin de l'errata que je lui ai envoyé : ayez la bonté de la lui remettre.

Je reçois, Monsieur, comme je le dois la grace dont il plait au Roi de m'honorer et à laquelle j'avois si peu lieu de m'attendre. *(a)*

J'aime

(a) Rousseau avoit refusé la pension du Roi parcequ'elle lui avoit été procuré par M. Hume. Il avoit dit ensuite qu'il l'accepteroit, pourvu qu'il pût être assuré qu'elle lui fut donnée par le Roi, de son plein gré. M.

J'aime à y voir de la part de M. le Général Conway des marques d'une bienveillance que je defirois bien plus que je n'ofois l'efperer. L'effet des faveurs du Prince n'eft guere en Angleterre de capter à ceux qui les reçoivent celle du public. Si celle-ci faifoit pourtant cet effet, j'en ferois d'autant plus comblé que c'eft encore un bonheur auquel je dois peu m'attendre ; car on pardonne quelquefois les offenfes que l'on a reçues, mais jamais celles qu'on a faites, et il n'y a point de haine plus irréconciliable que celle de gens qui ont tort avec nous.

Si vous payez trop cher mes livres, Monfieur, je mets le trop fur votre confcience, car pour moi je n'en peux mais. Il y en a encore ici quelques uns qui reviennent à la maffe ; entre autres l'excellente *Hiftoria Florentina* du Machiavel, les difcours fur Tite Live, et le traité *de Legibus Romanis* de Sigonius. Je prierai M. Davenport de vous les faire paffer. La rente que vous me propofez,

M. Hume pria M. le Général Conway, alors Secrétaire d'Etat, de demander une feconde fois la penfion de 100 Louis pour Rouffeau, et lui cacha qu'il fut l'auteur de ce fecond bienfait. Je fus charmé d'annoncer la nouvelle à Rouffeau, et ce ne fut qu'après que je la lui eus communiquée qu'on me dit le trait généreux de M. Hume.

posez, trop forte pour le capital, ne me paroit pas acceptable, même à mon âge. Cependant la condition d'être éteinte à la mort du premier mourant des deux la rend moins disproportionnée, et si vous le préférez ainsi, j'y consens, car tout m'est absolument egal.

Je songe, Monsieur, à me rapprocher de Londres puisque la nécessité l'ordonne, car j'y ai une répugnance extrême que la nouvelle de la pension augmente encore. Mais quoique comblé des attentions généreuses de M. Davenport, je ne puis rester plus long tems dans sa maison, où même mon séjour lui est très à charge, et je ne vois pas qu'ignorant la langue il me soit possible d'établir mon ménage à la campagne, et d'y vivre sur un autre pied qui celui où je suis ici. Or j'aimerois autant me mettre à la merci de tous les diables de l'enfer qu'à celle des domestiques Anglois.(*a*) Ainsi mon parti est pris; si après quelques recherches que je veux faire encore dans ces provinces je ne trouve pas ce qu'il me faut, j'irai à Londres ou aux environs me mettre en pension comme j'étois,

ou

(*a*) Il s'agissoit d'une bonne femme de 90 ans, nourrice de M. Davenport, qui n'entendoit pas le François, et que la servante de M. Rousseau querelloit du matin jusqu'au soir.

ou bien prendre mon petit ménage, à l'aide d'un petit domestique François ou Suisse, fille ou garçon, qui parle Anglois et qui puisse faire mes emplettes. L'augmentation de mes moyens me permet de former ce projet, le seul qui puisse m'assurer le repos et l'indépendance, sans lesquels il n'est point de bonheur pour moi.

Vous me parlez, Monsieur, de M. Frédéric Dutens, votre ami et probablement votre parent. Avec mon étourderie ordinaire, sans songer à la diversité des noms de baptême, je vous ai pris tous deux pour la même personne, et puisque vous êtes amis, je ne me suis pas beaucoup trompé. Si j'ai son adresse et qu'il ait pour moi la même bonté que vous, j'aurai pour lui la même confiance, et j'en userai dans l'occasion.

Derechef, Monsieur, recevez mes vœux pour votre heureux voyage, et mes très humbles salutations.

J. J. Rousseau.

LETTRE V.

Suppofé écrite le 26 d'Octobre 1767.

PUISQUE M. Dutens juge plus commode que la petite rente qu'il a propofée pour prix des livres de J. J. R. foit payée à Londres, même pour cette année, où l'un et l'autre font dans ce pays, foit. Il y aura toutefois, fur la formule de la lettre de change qu'il lui a envoyée un petit retranchement à faire fur lequel il feroit à propos que M. Frédéric Dutens fut prévenu. C'eft celui du lieu de la date; car quoique R. fache très bien que fa demeure eft connue de tout le monde, il lui convient cependant de ne point autorifer de fon fait cette connoiffance. Si cette fuppreffion pouvoit faire difficulté, Monfieur Dutens feroit prié de chercher le moyen de la lever, ou de revenir au payement du capital, faute de pouvoir établir commodément celui de la rente.

J. J. Rouffeau a laiffé entre les mains de M. Davenport un fupplement de livres à la difpofition de M. Dutens, pour être réunis à la maffe.

J. J. Rouffeau.

LETTRE VI.

A Paris (post tenebras lux) 8 Novembre 1770.

JE suis aussi touché, Monsieur, de vos soins obligeans que surpris du singulier procédé de M. le Colonel Roguin. Comme il m'avoit mis plusieurs fois sur le chapitre de la pension dont m'honora le Roi d'Angleterre, je lui racontai historiquement les raisons qui m'avoient fait renoncer à cette pension. Il me parut disposé à agir pour faire cesser ces raisons, je m'y opposai; il insista, je le refusai très fortement, et je lui déclarai que s'il faisoit là dessus la moindre démarche, soit en mon nom, soit au sien, il pouvoit être sûr d'être désavoué, comme le sera toujours quiconque voudra se mêler d'une affaire sur laquelle j'ai depuis longtems pris mon parti. Soyez persuadé, Monsieur, qu'il a pris sous son bonnet la priere qu'il vous a faite d'engager le Comte de Rochefort à me faire réponse, de même que celle de prendre des mesures pour le payement de la pension. Je me soucie fort peu je vous assure que le Comte de Rochefort me réponde ou non, et quant à la pension j'y ai renoncé, je vous proteste, avec autant d'indifference que je l'avois acceptée avec reconnoiffance et refpect. Je trouve fort bizarre qu'on s'inquiete fi fort de ma fituation dont je ne me plains point, et que je trouverois très heureufe, fi l'on ne fe méloit pas plus de mes affaires que je ne me mêle de celles d'autrui. Je fuis, Monfieur, très fenfible au foins que vous voulez bien prendre en ma faveur et à la bienveillance dont ils font le gage, et je m'en prevaudrois avec confiance en toute autre occafion, mais dans celle-ci je ne puis les accepter ; je vous prie de ne vous en donner aucun pour cette affaire, et de faire en forte que ce que vous avez déja fait foit comme non avenu. Agréez, je vous fupplie, mes actions de grace, et foyez perfuadé, Monfieur, de toute ma reconnoiffance et de tout mon attachment.

J. J. Rouffeau.

Lettres de M. Helvetius.

LETTRE I.

A Paris ce 22 Septembre 1771.

MONSIEUR,

VOTRE parole est une chose sacrée, et je ne vous demande plus rien, puisque vous avez promis de garder inviolablement l'exemplaire de M. Rousseau. J'aurois été bien aise de voir les notes qu'il a mises sur mon ouvrage, mais mes desirs à cet égard sont fort modérés. J'estime fort son éloquence et fort peu sa philosophie. C'est, dit Milord Bolinbroke, du ciel que Platon part pour descendre sur la terre ; et c'est de la terre que Démocrite part pour s'élever au ciel ; le vol du dernier est le plus sur. M. Hume ne m'a communiqué aucune des notes dont vous lui aviez fait part; j'étois alors vraisemblement à mes terres: présentez lui je vous prie mes respects ainsi qu'a M. Elisson. S'il y avoit cependant dans les notes de M. Rousseau quelques unes qui vous

parussent

paruffent très fortes et que vous puffiez me les addreffer, je vous enverrois la réponfe, fi elle n'exigeoit pas trop de difcuffion.

Je fuis avec un très profond refpect,

Monfieur,

Votre très humble

et très obeiffant ferviteur,

Helvétius.

LETTRE II.

A Vore, ce 26 Novembre 1771.

MONSIEUR,

UNE indifpofition de ma fille m'a retenu à la campagne quinze jours de plus qu'à l'ordinaire; c'eft à mes terres que j'ai reçu la lettre que vous m'avez fait l'honneur de m'écrire : je ferai dans huit jours à Paris ; à mon arrivée je ferai tenir à M. Lutton la lettre que vous m'adreffez pour lui.

Je

Je vous remercie bien des notes que vous m'avez envoyées, vous avez le tact fûr ; c'eſt dans la note 4me et la derniere, que ſe trouvent les plus fortes objections contre mes principes.

Le plan de l'ouvrage de l'Eſprit ne me laiſſoit pas la liberté de tout dire ſur ce ſujet, je m'attendois, lorſque je le donnai au public, qu'on m'attaqueroit ſur ces deux points, et j'avois déja tracé l'eſquiſſe d'un ouvrage dont le plan me permettoit de m'étendre ſur ces deux queſtions ; l'ouvrage eſt fait, mais je ne pourrois le faire imprimer ſans m'expoſer à de grandes perſécutions. Notre parlement n'eſt plus compoſé que de prêtres, et l'inquiſition eſt plus ſévere ici qu'en Eſpagne. Cet ouvrage, où je traite bien ou mal une infinité de queſtions piquantes, ne peut donc paroître qu'à ma mort.

Si vous veniez à Paris je ſerois ravi de vous le communiquer, mais comment vous en donner un extrait dans une lettre, c'eſt ſur un infinité d'obſervations fines que j'établis mes principes ; la copie de ces obſervations ſeroit très longue ; il eſt vrai qu'avec un homme d'autant d'eſprit que vous on peut enjamber ſur bien des raiſonnemens et qu'il ſuffit de lui montrer de loin en loin quelques

jallons

jallons, pour qu'il devine tous les points par où la route doit passer.

Examinez donc ce que l'âme est en nous, après en avoir abstrait l'organe physique de la mémoire, qui se perd par un coup, une apoplexie, &c. L'âme alors se trouvera réduite à la seule faculté de sentir; sans mémoire il n'est point d'esprit, dont toutes les opérations se réduisent à voir *la ressemblance ou la différence, la convenance ou la disconvenance que les objets ont entre eux et avec nous.* Esprit suppose *comparaison des objets* et point de comparaison sans *mémoire*; aussi les muses selon le Grecs étoient les filles de Mnémosine; l'imbécille qu'on met sur le pas de sa porte n'est qu'un homme privé plus ou moins de l'organe de la mémoire.

Assuré par ce raisonnement et une infinité d'autres que *l'âme n'est pas l'esprit*, puisqu'un imbécille a une âme, on s'apperçoit que l'ame n'est en nous que la faculté de sentir : je supprime les conséquences de ce principe, vous les devinez.

Pour éclaircir toutes les opérations de l'esprit, examinez dabord ce que c'est que juger dans les objets physiques : vous verrez que tout jugement suppose comparaison entre deux ou plusieurs objets. Mais dans ce cas qu'est-ce ce que *comparer ? C'est voir alternativement.* On met deux échantillons jaunes sous mes yeux ; je les compare, c'est à dire, *je les regarde alternativement*, et quand je dis que l'un est plus *foncé que l'autre*, je dis, selon l'observation de Newton, *que l'un réfléchit moins de rayons d'une certaine espece*, c'est à dire, que *mon œil reçoit une moindre sensation*, c'est à dire, qu'il est plus *foncé :* or le jugement n'est que le prononcé de la sensation éprouvée.

A l'égard des mots de nos langues qui exposent des idées si je l'ose dire intellectuelles, tels sont les mots *force, grandeur*, &c. qui ne sont représentatifs d'aucune *substance physique*, je prouve que ces mots, et généralement tous ceux qui ne sont représentatifs d'aucun de ces objets, ne vous donnent aucune idée réelle et que nous ne pouvons porter aucun jugement sur ces mots, si nous ne les avons rendus physiques par leur application à telle ou telle substance. Que ces mots sont dans nos langues ce que sont *a* et *b* en algebre, aux quels il est impossible d'attacher aucune idée réelle s'il ne sont mis en équations ; aussi avons nous une idée différente du mot grandeur, selon que nous l'attachons à une mouche ou un éléphant. Quant à la faculté que nous avons de comparer les objets entre eux, il est facile de prouver que cette faculté n'est autre chose que l'intérêt même que nous avons de les comparer, lequel intérêt mis en décomposition peut lui-même toujours se réduire à une sensation physique.

S'il étoit possible que nous fussions impassibles nous ne comparerions pas faute d'intérêt pour comparer.

Si d'ailleurs toutes nos idées, comme le prouve Locke, nous viennent par les sens, c'est que nous n'avons que des sens ; aussi peut on pareillement réduire toutes les idées abstraites et collectives à de pures sensations.

Si le décousu de toutes ces idées ne vous en fait naître aucune, il faudroit que le hazard vous amenat à Paris, pour que je pusse vous montrer tout le dévelopement de mes idées, par tout appuyées de faits.

Tout ce que je vous marque à ce sujet ne sont que des indications obscures, et pour m'entendre, peut-être faudroit-il que vous vissiez mon livre.

Si par hazard ces idées vous paroissoient mériter la peine d'y rêver, je vous esquisserois dans une seconde les motifs qui me portent à poser : que tous les hommes, communément bien organisés, ont tous une égale aptitude à penser.

Je

Je vous prie de ne communiquer cette lettre à personne,* elle pourroit donner à quelqu'un le fil de mes idées, et puisque l'ouvrage est fait, il faut que le mérite de mes idées, si elles sont vraies, me restent.

J'ai l'honneur d'être avec respect,

Monsieur,

Votre très humble,

et très obeissant serviteur,

Helvétius.

Je vous prie d'assurer Messieurs Hume et Elisson de mes respects.

---

* L'ouvrage auquel ceci a rapport est le livre *de l'Homme*, publié peu après la mort de *M. Helvétius*; et cette Lettre n'a été communiquée qu'après la publication de cet ouvrage.

www.ingramcontent.com/pod-product-compliance
Lightning Source LLC
Chambersburg PA
CBHW070704050426
42451CB00008B/490